令人着迷的中国旅行记

琵琶鸭
PIPA YA
南京

乔 冰/著　　智慧鸟/绘

吉林出版集团股份有限公司
全国百佳图书出版单位

图书在版编目（CIP）数据

琵琶鸭——南京 / 乔冰著；智慧鸟绘. --长春：
吉林出版集团股份有限公司, 2023.2（2024.3重印）
（令人着迷的中国旅行记）
ISBN 978-7-5731-2033-5

Ⅰ.①琵… Ⅱ.①乔… ②智… Ⅲ.①南京 – 地方史
– 少儿读物 Ⅳ.① K295.31-49

中国国家版本馆CIP数据核字(2023) 第016519号

令人着迷的中国旅行记

PIPA YA NANJING

琵琶鸭——南京

著　　者：乔　冰
绘　　者：智慧鸟
出版策划：崔文辉
项目策划：范　迪
责任编辑：徐巧智
责任校对：王　妍
出　　版：吉林出版集团股份有限公司（www. jlpg. cn）
　　　　　（长春市福祉大路5788号，邮政编码：130118）
发　　行：吉林出版集团译文图书经营有限公司
　　　　　（http: //shop34896900. taobao. com）
电　　话：总编办 0431-81629909　　营销部 0431-81629880 / 81629881
印　　刷：唐山玺鸣印务有限公司
开　　本：720mm×1000mm　1/16
印　　张：8
字　　数：100千字
版　　次：2023年2月第1版
印　　次：2024年3月第2次印刷
书　　号：ISBN 978-7-5731-2033-5
定　　价：29.80元
印装错误请与承印厂联系　　　电话：13691178300

　　中国传统文化丰富多彩，民俗民风异彩纷呈，它不仅是历史上各种

思想文化、观念形态相互碰撞、融会贯通并经过岁月的洗礼遗留下来的

文化瑰宝，而且是中华民族几千年文明的结晶。而作为世界非物质文化

遗产重要组成部分的中国非物质文化遗产，在历史、文学、艺术、科学

等领域具有非同寻常的价值，正越来越受到世界各国政府、学术界及相

关民间组织的高度重视。

本系列丛书为弘扬中国辉煌灿烂的传统文化，传承华夏民族的优良传统，从国学经典、书法绘画、民间工艺、民间乐舞、中国戏曲、建筑雕刻、礼节礼仪、民间习俗等多方面入手，全貌展示其神韵与魅力。丛书在参考了大量权威性著作的基础上，择其精要，取其所长，以少儿易于接受的内容独特活泼、情节曲折跌宕、漫画幽默诙谐的编剧形式，主人公通过非同寻常的中国寻宝之旅的故事，轻松带领孩子们打开中国传统文化的大门，领略中华文化丰富而深刻的精神内涵。

人物介绍

11岁的中国女孩儿，聪明可爱，勤奋好学，家长眼中的乖乖女，在班里担任班长和学习委员。

布卡

11岁的中国男孩儿，茜茜的同学，性格叛逆，渴望独立自主，总是有无数新奇的想法。

瑞瑞

11岁的中国男孩儿，布卡的同学兼好友，酷爱美食，具备一定的反抗精神，对朋友比较讲义气。

欧蕊

11岁的欧洲女孩儿，乐观坚强，聪明热情，遇事冷静沉着，善于观察，酷爱旅游和音乐，弹得一手好钢琴。

塞西

9岁的欧洲男孩儿，活泼的淘气包，脑子里总是有层出不穷的点子，酷爱网络和游戏，做梦都想变成神探。

机器猫费尔曼

聪慧机智，知识渊博，威严自负，话痨，超级爱臭美；喜欢多管闲事，常常做出让人哭笑不得的闹剧。

华纳博士

43岁的欧洲天才科学家，热爱美食，幽默诙谐，精通电脑，性格古怪。

目　录

第一章

琵琶鸭 / 1

第二章

"打群架"的老爷爷们 / 13

第三章

云　锦 / 25

第四章

疯狂的石头 / 37

第五章

乌金纸 / 49

目录

第六章

素斋 | 61

第七章

月夜琴声 | 73

第八章

花开不败 | 85

第九章

大马灯 | 97

第十章

小阿哥们最喜欢的玩具 | 109

第一章

Chapter 1

琵琶鸭

 扫码获取
☑ 角色头像
☑ 阅读延伸
☑ 趣味视频

我们是不是迷路了？

因为我们进入了世界上最复杂的瓮城。

瓮城就是在城门外修建小城，把城门包围起来，像一个大瓮，也就是坛子一样。

它对防止敌人攻城起到的作用可大了！

我们去看看那个洞里有什么。

那就是藏兵洞了，中华门共有27个这样的藏兵洞。

4

板鸭店门口

6

战争的智慧——瓮城

古代战争中，经常会出现"攻城"的场景。

对守城方来说，为了保证城池不被攻破，会采取各种防护措施，其中最有效的一种就是修建瓮城，也就是在城门外修建小城，把城门包围起来。

瓮城呈圆弧形，它的最大好处是分散进攻城门的敌人。当敌人攻破瓮城门进入瓮城内部后，瓮城城墙上的士兵可以对敌人进行四面环射。

有些城池甚至会修建好几座瓮城，如南京的中华门就有3座瓮城。

敌人就算攻破了城门，冲进了里三层、外三层的瓮城，也很难判断东西南北，而守城的士兵们可以轻易地将他们擒获，也就是"瓮中捉鳖"。

鸭都——南京

南京毗邻长江，周边水域非常丰富。靠山吃山，靠水吃水，鸭子自然而然就成了南京人菜谱里不可缺少的菜肴：鸭血粉丝汤、南京咸水鸭、南京烤鸭、南京酱鸭、南京卤鸭、桂花鸭、南京板鸭……

南京人有句口头禅，叫"斩只鸭子"。这不一定是指买一整只鸭子，买半只、四分之一只，都可以称为"斩只鸭子"。

"没有一只鸭子，可以活着出南京城。"从这句民间普遍爱说的玩笑话中可以看出，南京人有多么喜欢鸭子，正因为如此，南京赢得了一个响亮而幽默的美称——鸭都。

官礼板鸭

板鸭俗称"琵琶鸭"。在古代地方官员总要挑选质量好的新板鸭进贡给皇帝，所以板鸭又称"贡鸭"。而朝廷官员在互相走访时，也喜欢以板鸭作为礼品互赠，所以它又称作"官礼板鸭"。

南京板鸭用的是经过熬制的陈年老卤，配以各种香料，下卤十几个小时，即起卤上钩晾干。南京板鸭分腊板鸭和春板鸭两种，以大雪节气前后开始制作的腊板鸭为佳，制作过程大约一个月。

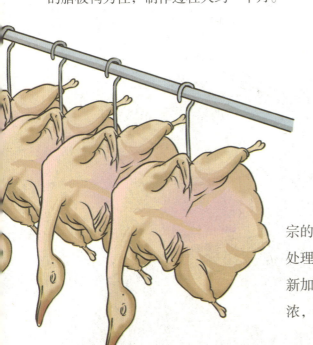

老卤的味道，对能否制作出口味正宗的板鸭至关重要。在制作板鸭前，先处理老卤，把之前的香料全部捞出，重新加料加盐煮，这时候的卤味道最为香浓，做出的头道卤板鸭味道也最好。

南京板鸭制作技艺

南京板鸭从选料到制作，遵从"鸭要肥，喂稻谷，炒盐腌，清卤复，烘得干，焐得足，皮白，肉红，骨头酥"的要诀。

制作板鸭的鸭子要精挑细选，只有体长、身宽、胸部和两腿肌肉饱满，去毛后体重在1.75千克以上的健康活鸭，才能成为合格的食材。

宰杀鸭子前先用稻谷催肥，宰杀时出尽鲜血，浸烫脱毛，不用沸腾的水，以免表皮破损。

腌制技术是制作板鸭的关键，要求以竹签刺入腿部肌肉和胸部肌肉，拔出后有香味儿。

煮制时，用若干茴香、葱、姜，从鸭翅下开口处塞入肚内，使鸭子更入味儿。

煮熟的鸭子须等完全冷却后方可切块，避免流失油卤，影响味道。

第二章

Chapter 2

"打群架"的老爷爷们

扫码获取

☑ 角色头像
☑ 阅读延伸
☑ 趣味视频

手抓着鸭腿的瑞瑞和博士跟茜茜等人走在僻静的小公园里。

这群老爷爷这么大岁数了，脾气怎么还这么火爆？

咱们赶快去劝劝吧！

用石头打群架？他们之间这是有多大的仇啊？

抛

爷爷，千万小心啊！

我可做不到眼睁睁地看着老爷爷被石头砸伤，我还是捂上眼睛吧！

啪

好厉害！

这叫"二郎担山"，石锁中的一种技巧。老耿还能在木桩上玩这招呢，我带你们去看看。

我原来一直以为，适合老大爷们的运动是太极拳，没想到他们竟然玩这么惊险的！

众人跟着老人，朝不远处走去。

穿条纹衫的老人从木桩上跃下，朝众人的方向走来。

老周、老宋，我们三人一起玩个"犀牛望月"如何？

老耿又下挑战书了！

三位老爷爷好有劲儿！

这"犀牛望月"，需要特别强的臂力才能完成。

这有什么难的？你们就等着瞧吧！

石锁的举法主要有抓举和摆举，举的过程中主要依靠手臂的力量。

石锁

石锁形如铜锁，包括锁头、锁尾、锁面、锁簧、锁背等部分，由富有经验的老石匠精心凿打而成，大者上百斤，小者十来斤。

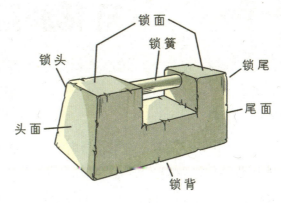

很多南京人都喜欢玩石锁，这与南宋名将岳飞抗金有关。相传，当时岳飞为了抵抗金兵，在南京牛首山附近驻扎。除了常规操练，平时将士们就用石锁来锻炼身体。

当时南京的殷巷距离牛首山非常近，当地百姓见将士们把石锁玩得花样百出，觉得很是有趣，也开始学着玩起了石锁，并逐渐在南京城流传开来。在清道光年间石锁尤为盛行，南京城里随处可以看到杂技艺人在街头进行石锁表演，引来众人围观、叫好。如今，石锁已演变为一项集力量、技巧、健身于一体的传统竞技项目。

玩花和玩重

石锁分"玩花"和"玩重"两种，小石锁以花样动作为主，一般40斤以上的大石锁则以练力量为主。

"玩花"有架肘、过梁、接高、拳上锁、石锁上头等诸多花样；"玩重"的可以将重达一百多斤的石锁舞得虎虎生威，玩耍时手臂、腰部、腿部等部位的肌肉都会得到锻炼，讲究一气呵成，行云流水。

无论什么花式，在空中转一圈的叫单花，转两圈的叫双花。可千万不要小看多转这么一圈，这个动作难度系数很高，很多单花耍得炉火纯青的玩家，双花却一个也玩不起来。

双推磨

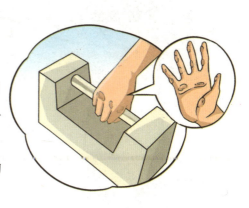

　　玩石锁看着简单，其实大有学问，力道与时机的把握得经过长时间的练习才能掌握好。能玩得动百斤石锁的，一般都是"锁中高人"。

　　经过长年累月的练习，石锁玩家的手掌被磨出了一层厚厚的老茧。

　　石锁可一人单练，也可双人对抛练习。一个人拿两个石锁练，称为"双推磨"；两人互扔花锁的叫作"对锁"，需要练习者有很深厚的基础。

　　石锁的主要接法有手接、指接、肘接、肩接等。

武林高手

石锁表演讲究高、飘、正、稳、活，从三个方面体现：一是石锁本身的翻转；二是表演者的身形、步伐及腾挪、躲闪、抛接的技巧；三是多人表演时配合的默契度。

南京的石锁玩家们，在街头巷尾随处可见，很多都是白发苍苍的老人。一百多斤的石锁在空中上下翻飞，最后落在表演者的手臂上。观众们大呼过瘾的同时，又看得心跳加速，因此便称石锁玩家们为"武林高手"。

第三章

Chapter 3

云锦

我特意跑到南京来定做云锦面料，顺便过来看看江南贡院。

一块做衣服的布料，值得这么远跑一趟？

你懂什么？！普通面料怎么能跟云锦比？皇帝的龙袍就是用它做的！

你可别胡说。咱们头儿要是穿上用云锦制成的衣服，一定派头十足。

我打算穿着它，出席生日宴会。

那个坏蛋怎么配用和皇帝一样的料子？哼！

云锦

我刚才偷偷听到了，霍曼定做云锦面料的地方，就是这里。

那是花楼机，必须由挽花工和织手两人配合才能完成。

上面坐着的这位挽花工，在按照线的顺序提拽。

楼房织布机？

好眼力！而下面的织手，负责"通经断纬"——纵向的经线穿通整件织物，而横向的纬线要根据图案、花纹随时调整。

两个人一起配合，一定织得很快吧？

就算两个人配合默契，一天也只能织5厘米左右，故云锦有"寸锦寸金"之说。

这云锦，比天上的云霞还好看！

南京云锦就是因其锦面图案精美、纹彩华丽，美如天上云霞而得名。

云锦的工艺过程极其繁杂，每道工序的工艺都有很多谜一样的诀窍。

你们跟我来。

她用的纸上画着好多的纵横线条。

这是特制的意匠纸，纵横线分别代表经线和纬线。

那是云锦织造的第一道大工序——纹样设计。

而这个图样，是皇帝龙袍的图样。

31

江南贡院

　　江南贡院是南京城里占地较大的建筑群之一，也是清代全国17座贡院中规模最大的一座。鼎盛时期它拥有考生号舍两万多间，规模之大，为诸省乡试考场之冠。

　　在考试的9天9夜里，考生答题和食宿全在狭小的号舍里，号舍排号以"千字文"文序来定，每个号舍的建筑面积只有1.16平方米，考生的辛苦可想而知。

皇家专用的衣料

在古代，皇帝、妃嫔身上穿的衣服光彩夺目，显得格外高贵。

在古代丝织物中，代表最高技术水平的就是"锦"。中国有四大名锦，即南京云锦、成都蜀锦、苏州宋锦、广西壮锦。

云锦至今已有1600多年的历史，用料考究，工艺精湛。东晋末年，朝廷在南京设立了专门生产织锦的斗场锦署。元、明、清三朝都在南京设有官办织局，负责专供朝廷的云锦织造，南京云锦是皇家御用品。

织造云锦时，大量使用金线、银线、蚕丝、绢丝，以及鸟兽羽毛等昂贵的材料，使得丝织物的效果更加华丽、独特。

挑花结本

云锦织造技艺有百余道工序，工匠们掌握着许多织造秘技，其中最神秘、最复杂的就是"挑花结本"：按古老的方法，将花纹、图案、色彩等用棉底线，编成精密的织造程序"花本"。

坐在织机上的挽花工负责提、拽工作，有节奏地配合着机下的织手工作。

坐在织机下的织手，在保持经线完整的前提下，由不定数的彩绒拼接成纬线，织出五彩缤纷的彩锦。

两人互相配合，整个工艺妙不可言，采用电脑编程的现代织机根本做不出来。

锦上添花

云锦在发展过程中，形成了许许多多的品种，例如库缎、库金、库锦、妆花等。

其中库金又称"织金"，就是织料上的花纹全部用金线织出。用黄金打成箔，切成丝，捻成线，这种制造金丝线的技术是一门绝活儿。

妆花是云锦中织造工艺最为复杂的品种，妆花织物图案纹饰多选取花卉、翎毛、鱼虫等寓意吉祥如意的各种纹样，在颜色方面多以红、黄、蓝、白、黑、绿、紫等为基本色，并用晕色法配色，使之绚丽而协调。

南京云锦木机妆花手工织造技艺已入选联合国《人类非物质文化遗产代表作名录》，成为世界级的非物质文化遗产。

第四章

Chapter 4

疯狂的石头

41

那我考考你们，为什么雨花石有不同的色彩？

因为雨花石在形成过程中，渗进了不同的矿物质。

含铜呗。轮到我考你了，哪种质地的雨花石出的精品更多？

含矿物质铁的雨花石是红色的，而紫色是因为含锰。

那蓝色的呢？

公主的陪嫁

雨花石，又称"彩石""文石""五色石"，其收藏历史可追溯到几千年前。

20世纪50年代，南京博物馆在发掘新石器时代及商周时期遗址时，曾出土76枚雨花石，其中有一枚穿了一个极细的微孔，专家认为是用以穿线而作佩戴使用的。

《后汉书·应邵传》也记载过，在春秋时期雨花石已作为贡品进入宫廷，民间收藏雨花石也在这一时期渐渐兴起。

更有趣的是，唐代的《杜阳杂编》中，记录在中国南北朝时代南齐的潘淑妃珍藏过一块

雨花石，命名为"九玉钗"，石上饰有九色凤凰，还有天然形成、宛如书法大家写出的两个字——玉儿。

这块奇石从南齐到晚唐，经过数百年的辗转，最后被献给了唐懿宗的女儿同昌公主。公主爱不释手，后来这块出产于南京的"九玉钗"雨花石，就成了公主的陪嫁。

由此可知，收藏雨花石之风盛行于南北朝，并一直影响到唐代。

在唐朝之后，宋、元、明、清等朝代，更是出现了很多专业论述雨花石的专著。

由此可见，雨花石在赏石界的地位是非常重要的。

水赏

对于美丽的雨花石，文人们从来都不吝笔墨，写出各种诗句展示雨花石之美，如宋代欧阳修盛赞雨花石是"万象皆从石中出"。

古人当时最盛行的观赏雨花石的方式是"水赏"：把雨花石放在碗中，倒入清水，等石头吸饱水分之后，慢慢品玩。

适合水赏的石头大都色彩艳丽，单看好看，拼成一盘欣赏，更是美不胜收。这种玩法，是大文学家苏轼最推崇的。

也有古人喜欢把雨花石藏在宽大的袖子里，见到好友便拿出来一同把玩，这被称为"握游派"玩法，适合握游的雨花石大都质地温润，手感很好。

石中皇后

雨花石明艳美丽，有"石中皇后"之称，被誉为"天赐国宝，中华一绝"。

雨花石讲究质美、形美、纹美、色美、呈像美、意境美六要素。

雨花石的纹理千变万化，可分为矿物质雨花石，岩石质雨花石和化学雨花石。

雨花石的颜色是否丰富、明快，是决定其收藏价值的一个重要元素，可以毫不夸张地说，色差一分，石差百级。

根据其呈像，雨花石分为人物、动物、植物、风景、文字、抽象石等。按照精美程度，雨花石可分为绝品石、珍品石、精品石、佳品石等品级。

疯狂的石头

雨花石形成的地质年代约在距今1200万年至300万年，它是一种天然花玛瑙。

雨花石主要产自扬子江畔、风光旖旎的南京六合和仪征月塘。尤其是南京六合横梁境内的横山、方山富含砂矿，雨花石就蕴藏在这些砂矿中。

雨花石固然美丽，但开采过程却非常艰辛。因为雨花石被泥浆或灰尘包裹着，需要用水冲刷才能将雨花石与泥土、沙子分开，露出它的真面目，而为了得到一枚优质的雨花石，则需要大量经验丰富的工人对石头进行分拣。

民间有"一吨黄沙四两石，百吨石中无一珍"的说法，足以表明雨花石的珍贵程度。

如今赏玩、收藏雨花石的人越来越多，而天然雨花石不同于人工制作的工艺品，由于储量有限和其纯天然的魅力，收藏潜力和投资价值也在迅猛提升。

近年来，相关部门的一纸"禁采令"，更让雨花石迅速成了稀缺资源，身价持续上涨，成了名副其实的"疯狂的石头"。

第五章

Chapter 5

乌金纸

师父昨天提过，有个外国人请他去给国外的城堡贴金箔。

给城堡贴金箔？那得多少黄金呀？霍曼真是个败家子！

涵涵的爷爷打出的金箔薄如蝉翼，就算让整座城堡金光闪闪，也用不了多少黄金。

很多国外的著名建筑物上都贴着金箔，比如白金汉宫、凡尔赛宫，特别漂亮。涵涵的爷爷竟然会这种手艺。

吭

我进师父的密室看看，说不定能找到些线索。

我和师父就是在这里，各自举着8斤重的锤子，轮流用力锤打黄金，至少要锤打25000下。

金箔被打得那么薄，不会破吗？

这打箔最是辛苦，就这么一锤锤的，把一块金疙瘩打成0.0001毫米左右的薄片。

0.0001毫米？也就是一万张金箔摞在一起，只有约1毫米厚？这也太神奇了！

要想金箔不破、不碎，不仅需要力量和技巧，还需要乌金纸。

南京金箔

金箔是用黄金锤成的薄片。金箔的出现，使得价值连城的黄金变得薄如蝉翼，包裹起数不清的庙宇宫殿，成就了它们的金碧辉煌。

毫不夸张地说，金箔锻制技艺这一绝技在世界文明史上举足轻重。

南京是金箔之乡，南京金箔不仅为我国的大型寺庙、建筑所用，如河南少林寺等，还被国外很多著名的宫殿青睐。

南京金箔锻制技艺已入选国家级非物质文化遗产名录。

一两黄金，金箔万千

北京故宫是全世界最著名的"老房子"，经过几百年的风吹、日晒、雨淋，其中很多地方都需要修缮，而金箔对它重新焕发"青春"必不可少。

顶级宫殿当然要用顶级金箔。2002年故宫的午门、太和门、神武门、寿康宫、慈宁宫等修缮均使用了南京金箔，而金銮殿里皇帝坐的龙椅，也是用的传承千年的南京金箔，让它再次变得金光闪闪。

乌金纸秘方

从黄金到金箔需要经过化金条、拍叶、做捻子、打箔、出具、切箔等复杂的工艺。

锻制金箔时，要用乌金纸包好金片，通过几万次锻打制成金箔。

金箔技艺最核心的乌金纸秘方是世界上独一无二的。这种颜色乌黑的纸张最大的特点就是无论怎么用锤子敲打，也不会破。

这种纸以当年生的嫩竹为原材料，经过五个伏季（也就是夏天）的浸泡、沤烂后制作而成，又称"五伏纸"。

步步惊心

制作金箔的过程，可以说是"步步惊心"，一个不小心就会前功尽弃。

比如"做捻子"，需要分别用指尖沾着经过初步打压的薄金叶放入乌金纸包里，两张乌金纸夹一枚金捻子，总共要2014层，并要求所有金捻子都放入乌金纸中心。

而"出具"时，要把打好的厚度约0.0001毫米的细金箔挑出来。不能直接用手去触碰金箔，否则金箔就会破裂，得"功力深厚"的匠人用鹅毛轻轻地挑，同时口中吹出如线的细风，才能一气呵成。

第六章

Chapter 6

素斋

63

爷爷，那个坏蛋到底为什么抓你呀？

他让我以后只为他做金箔。走，去鸡鸣寺，我请你们吃素斋表示感谢！

什么是素斋呀？

就是没有鱼也没有肉，只有青菜和豆腐……

涵涵，你爷爷真是小气鬼！连顿肉都不舍得请。

鸡鸣寺百味斋

这鱼真好吃！咦？刚才谁说斋菜只有青菜和豆腐的？

欧蕊，这排骨特别香，你快尝一块。

这是我最爱吃的火腿，你们猜猜是什么肉做的？

纹理均匀，色泽暗红，肯定是牛肉火腿！

让我尝一口……口感细腻，有嚼劲，的确是牛肉火腿。

卤汁不能倒入太多，要干一点儿，这样做出来的素火腿才能保持纹理，有嚼劲儿。

包的时候能包多紧就包多紧，再用一块布把整张豆皮包起来，缠上绳子。

这是之前晒干的豆油皮，现在开始用它卷素火腿。而素火腿的口味，是由卤汁决定的。

卷好的素火腿在蒸笼上蒸30到45分钟，取出后晾一夜，就可以吃了。

原来我们吃的"牛肉火腿"真的是用黄豆做的！

仿荤菜

　　素食制作技艺，是指从蔬菜、菌类、豆制品等全素的食材中，挑选上好的原料，通过包、叠、搓、卷等手工技法进行加工，然后用炸、熘、爆、炒、蒸、炝等烹饪方法制成品种繁多、素菜荤烧、形态逼真的各式菜品。

　　南京鸡鸣寺百味斋广受欢迎的正是用素菜制成的仿荤菜，糖醋鱼、排骨、海螺片、羊肉串……应有尽有。

　　素食里的仿荤菜要比真荤菜难做，光是把味道调到以假乱真的地步就已经很不容易了，此外，还要把外形做得特别逼真，难度就更大了。

以假乱真的素斋

鸡鸣寺百味斋的素斋，看起来和吃起来都让人真假难辨。

让人垂涎的卤水拼盘，是用豆干制成的"腊肠"、用老豆腐制成的"牛肉"、用豆腐皮制成的"猪舌"……

另一道家喻户晓的"东坡肉"有瘦肉、肥肉和肉皮，无论形状和口感都极其逼真。其实"瘦肉"是由豆腐和面筋制成，"肥肉"是杏鲍菇制成的，而"肉皮"则是由平菇加工而成，很有嚼劲。

还有很多人爱吃的"烤鱼"也和真的一模一样。其实"鱼肉"是茄子和豆制品做的，而鱼皮是用味道鲜美的紫菜制成，紧实地裹在"鱼肉"上，吃起来非常有韧劲。

鸡鸣寺

"南朝四百八十寺，多少楼台烟雨中。"

唐朝诗人杜牧这句脍炙人口的诗句中，"四百八十寺"的第一寺，就是矗立在玄武湖畔的鸡鸣寺。它以前叫同泰寺，至今已有1700多年的历史，是南京最古老的皇家寺庙之一。

那后来为什么改名叫"鸡鸣寺"呢？

原来鸡鸣寺所在的山酷似一只关小鸡的竹笼子，叫"鸡笼山"，景色优美。明太祖朱元璋打下南京后，看这里山清水秀，就在旁边修建了国子监。国子监是中国古代的中央最高学府和教育管理机构，也是贵族子弟读书的学校。

朱元璋希望这些读书人听见鸡打鸣就起来读书习武，所以改山名为"鸡鸣山"，寺庙也就随之改名叫"鸡鸣寺"了。

千年素食

鸡鸣寺的素食为什么做得这么仿真，这么好吃？其实这和一个皇帝有很大的关系，那就是中国南北朝时期的梁武帝——萧衍。

梁武帝虽然治国有方，但他最大的心愿却是出家当和尚，于是他曾多次在同泰寺，也就是今天的鸡鸣寺出家当和尚。

当时的寺庙内并未设置食堂，和尚们的一日三餐都得靠出去化缘，主家施舍什么就吃什么，没有荤素挑剔。

梁武帝在做和尚期间，阅读了很多佛学经典，悟出了人要向善、不能杀生的道理，于是颁布亲自撰写的《断酒肉文》，命令出家人以后不许吃肉喝酒，只能吃素食。

但只吃素菜如何保证营养和味觉的需求呢？于是梁武帝鼓励寺庙中开设食堂，让和尚们不断钻研素食的制作方法，经过千年的演变，素食才达到今天至臻至美的高度。

第七章
Chapter 7
月夜琴声

禅房门前

夜晚的鸡鸣寺比白天还美。

我爷爷时不时就来借住，他说到了晚上这里特别安静。

你们听到琴声了没？是从那边的禅房传过来的。

嘘——

原来是他在弹奏古琴。这琴声像山间的泉水，悠扬而清澈，真好听。

我上次跟爷爷来的时候，也碰到他了。爷爷说他是金陵琴派的古琴大师。

本想在禅房里专心打谱，却来了一群捣乱的小家伙。别在窗外站着了，都进来吧。

古琴的七根琴弦好长啊。

听说古琴和人体一样，也有额、颈、眼、肩和腰。

正因为琴弦长，所以振动时间久，才能出来余音绵长不绝的效果。

为什么古琴能弹奏出那么深沉的声音？

古琴是用一块整木掏空而成，共鸣箱的箱壁厚而粗糙，而且制琴一般选用百年以上的桐木、杉木做面板。

所以就能弹奏出浑厚、古朴、苍茫的古琴神韵了。

我太喜欢古琴的声音了，您教教我好不好？

如果你能看得懂这个，再跟我提学古琴的事吧。

琴谱

瞧把你们愁的，不就是读汉字吗？

睁大眼睛，仔细看！

看起来有点儿像我们熟悉的汉字，但仔细看，却发现完全看不懂。

好古怪的字符！

你们可以带回去慢慢研究，明天再把琴谱还给我就行。

涵涵拿着琴谱，和众人一起朝爷爷住的禅房走去。

爷爷，您不是也会弹古琴嘛，快来帮帮欧蕊姐姐！

这琴谱跟天书一样，我这么博学多才，却还是看得一头雾水。

古琴的琴谱很特殊，用的是减字谱，就是用一种偏旁符号，来标记指法。

难怪我们看不懂，原来根本不是字，而是偏旁！

我听说古琴琴谱只记录每个音怎么弹奏，但不记录音与音之间的节奏。

啊？那怎么弹旋律啊？

这就需要打谱了，就是根据指法尝试着把一个个音弹出来。

我们在窗外偷听的时候，琴师说他本想在禅房里专心打谱，原来是这个意思。

打谱费时费力，小曲三月，大曲三年。

三年？！

古琴琴谱为什么不能像五线谱那样，把节奏标得清清楚楚呢？

正因为没有节奏，琴师才可以自由表达。不同的人打谱同一首乐曲，会有不一样的节奏和风格。

名琴"绿绮"

"琴、棋、书、画"是古代文人引以为傲的四项技能,而位于第一位的"琴"已有3000年以上的历史。我们耳熟能详的很多成语,比如高山流水、对牛弹琴等,都出自和琴有关的典故。

琴,是中国古老的拨弦乐器,又称"瑶琴""玉琴",现代称"古琴""七弦琴",它还有一个别称,叫"绿绮"。

"绿绮"原本是指一把通体黑色、隐隐泛着幽绿的名琴,它的样子就像绿色的藤蔓缠绕在古木之上,因此取名"绿绮"。相传,司马相如为梁王作了一首《子虚赋》,其出众的文采征服了梁王,于是梁王就把自己珍藏的名琴"绿绮"送给了他。

司马相如如获至宝,走到哪里都要带着"绿绮"。他精湛的琴艺配上绝妙的音色,使"绿绮"名声大噪,成了古琴的别称。

奇妙的断纹

古琴的全身为扁长共鸣箱。琴身宽的一端为头，窄的一端为尾。琴面的外侧有13个圆点称为"徽"，是泛音的标志，也是音位的重要根据。

制作一张古琴，需经历选材、制形等重重工序。琴材的选择尤为考究，如唐代制琴家雷威以峨眉山的松木制成了松雪琴，近代魏庚虎则尝试以红木为琴材。古人还将紫檀木、花梨木、玉等用于制作古琴的附件，给古琴增色不少。

由于长年弹奏带来的振动，久而久之，不同木质的古琴会出现无比奇妙的断纹，有的像流水，有的如牛毛，还有的像冰裂纹。

打谱

古琴音乐和西方音乐不一样。钢琴曲如果有了曲谱，也就有了旋律，演奏者照着曲谱就能把它弹奏出来。而古琴琴谱，即使给演奏者一个谱子也不能弹奏，还要经过打谱。

古琴琴谱并不直接记录乐音，它只记录古琴的弦位、徽位和指法，没有明确的节拍、速度标记，要靠演奏者根据自己的水平、经验来定拍、定调，这一译谱过程叫"打谱"。

即使是同一首曲子，经过不同琴师的演绎，也会出现不同的旋律和韵味。

金陵琴派

早在1800多年前，南京地区便有琴艺活动的记载。

擅长琴歌的李白曾多次去南京，在秦淮游玩。他在《示金陵子》一诗中，从侧面反映了当时的琴艺活动："金陵城东谁家子，窃听琴声碧窗里"。

南京处于东、西、南、北方的交汇点，金陵琴派融汇南北琴风，形成了独有的风格。

金陵琴派崇尚尽情地表达琴师的内心世界，从"琴心合一"到"天人合一"，琴歌与琴曲并存，强调创新，反对雷同。

《梅花三弄》《醉渔唱晚》等古琴曲，都是金陵琴派的代表作。

Chapter 8

花开不败

大家相互道别后，博士一行人要继续寻找水晶石了。这时，街道上两个头戴绒花的女人，引起了他们的注意……

哥哥姐姐们，希望你们尽快找到能唤醒水晶石的味道。

又来了！女生可真爱臭美！

那是绒花。南京民俗博物馆里有一家绒花坊，一些热播电视剧里的绒花饰品，就是在那里定做的。

难怪我觉得眼熟！

赵师傅，我的凤冠做好了吗？

今天早晨刚做好，快戴上试试。

我一直很喜欢绒花，就定制了这个凤冠，在我的婚礼上戴。

姐姐，你好美！

这绒花制成的凤冠，又华丽又高贵。

这是制作绒花的第二步——打尖。用剪刀把绒条变成不同形状，然后组合成形态各异的花叶。

我以为绒花只能当头花戴，原来还有这么多种造型。

南京绒花品种十分丰富，除了头饰，还有胸饰、摆件，以及飞禽走兽等各种造型。

真像变魔法。

发髻上的南京

唐朝时的女子，特别喜欢根据季节不同，在发髻上戴上各种花枝，如古诗记载的那样："春日游，杏花吹满头""山花插宝髻"……

鲜花虽然好看，却受季节影响大，而且很容易枯萎。比如唐代女子特别喜欢戴的牡丹，花期只有20多天，而且把牡丹摘下来插在头上，也会遇到掉色、掉汁、掉瓣、掉叶等情况，非常不方便。

人们开始有了新的期待：有没有一种不会凋谢，又可以跟真花媲美的花朵呢？

南京手工绒花应运而生，绒花的谐音"荣华"，华丽精致、不受时间和季节的限制，被称为"发髻上的南京"。

花市大街

南京绒花到了明代已有相当规模，这与云锦的发展有一定的关系。制作"寸锦寸金"云锦的过程中，会剩下大量蚕丝的边角料，用来做别的不够，扔了又很可惜，拿来做绒花却最合适不过。

清代，南京绒花的制作进入了鼎盛时期。当年南京的三山街至长乐路一带，是热闹非凡的"花市大街"，是名副其实的绒花的"海洋"，经营绒花的店铺盛极一时。

而南京所有向朝廷进贡的绒花，皆出自技术最顶尖的能工巧匠。

传花

绒花以铜丝为骨、蚕丝为肉，是一门程序繁复的手艺。制作绒花的主要材料是天然桑蚕丝，在没有铜丝的年代，绒花的骨架是用白银打成细丝制作而成的。

绒花制作需经染色、软化黄铜丝、勾条、打尖、传花等工序。

 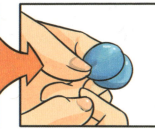 

传花是指用镊子对打过尖的绒条进行造型组合，配合铅丝、皮纸、料珠等辅助材料，组合成立体的绒花制品，这是绒花制作工艺中最精彩的一步，很能体现匠人的想象力。

宫花

　　南京绒花颜色以大红、粉红为主，中绿为辅，间以黄色点缀，颜色明快富丽，造型有花朵、凤冠、如意、丹顶鹤等多种形状，蕴含着独特的东方之美。

　　以前，南京女子出嫁都是头戴绒花，象征一生荣华富贵。宫廷婚礼上，妃子们也会佩戴绒花，称为"宫花"。

　　皇后、妃子们佩戴的绒花一般都是很华丽的，发髻两边花团锦簇。

第九章

Chapter 9

大马灯

人声鼎沸

用竹片扎制的竹马，竟然能呈现出真马的效果！这帮家伙可真会玩。

别紧张，你现在的样子，连我都认不出来！

我最爱看这大马灯表演了。听说这绝活儿，全国只有我们东坝才有！

这马演活了，又逼真又神奇。

真厉害！竹马、马鞍和马背上的孩子，加起来得有150斤重，可沉啦！

这头马演得真带劲儿！

他们不容易啊，每场大马灯跑下来都累得满头大汗。

我们就在霍曼跟前转来转去，他不仅认不出我们，还为我们鼓掌。哈哈，好有趣！

人扮演的马太逼真了！

中国最早的人工运河

南京高淳东坝镇是历史悠久的江南古镇，五代时名叫"银林"，地理位置优越，水陆交通便利，是古代车马驿站、商贾云集的地方。

流经东坝镇的胥河是我国历史上最早的一条人工运河，因是伍子胥主持开凿的，所以名为"胥溪河"，俗名"胥河"。

明洪武二十五年（1392），为保太湖地区免遭洪涝之灾，朝廷在当时还叫"广通"的东坝镇的胥河上建了石闸，名叫"广通闸"。因地处固城湖东，所以又名"东坝"。

东坝大马灯

　　来东坝的一些商人觉得当地百姓看惯了船帆，却很少见到车马，于是便想出了一个主意：用竹子制作战马造型的"大马灯"，拿来舞玩。

　　用竹皮或竹篾扎成骨架，再在外面糊上数层厚纸，彩绘后涂抹桐油，马脖部位系上铃铛，下面围上白布围裙，再在围裙上画出奔驰状的马腿，还有的在马腹两侧画出骑手的腿和脚，大马灯的道具马就做好了。

　　大马灯表演时一般有7匹道具马，上面坐着7个小演员，扮演三国戏剧中的刘备、张飞、关羽、赵云、黄忠、马超等人物。

负重表演

　　参加大马灯表演的小演员们身披古代战袍，手持刀枪剑戟，在鼓乐声中，跃马出征，并随着令旗的挥动，不断变换阵形。

　　道具马比真马要高大很多，必须由两人组合起来才能表演。两名年轻力壮的演员钻入马腹，前面的演员扮马头，后面的演员披戴道具作马身，两人要默契配合，才能把假马演得逼真神气。

　　这跟舞狮子有点儿像，但两个人扛着的重量却比舞狮子要重很多，因为竹马的重量加上马鞍等装备，再加上马上的孩子，至少有150斤。一场大马灯表演少则十几分钟，多则半个小时，要一路小跑，因此，完成一场大马灯表演需要消耗演员很多体力。

头马

第一匹马的马首，俗称"头马"。

在大马灯队中，对跑头马的人的技术要求最高，因为跑马通常是在一块开阔的场地上跑出"天下太平"四个字。头马要随着锣鼓节奏声带好头、踩准步，表演过程中，头马还要撇开另外6匹马自由行动，模仿马蹄跳跃，技术难度更高。

在鼓点的指挥下，配以民间器乐，马队交替布阵，最后按"天下太平"四字笔画走阵收场，整个场面非常壮观。

第十章

Chapter 10

小阿哥们最喜欢的玩具

帐幔围起的后台里

一接到电话，我们就往这里跑。总算是见到你们这两个失踪的家伙了！

早晨起床的时候发现你俩不见了，我们都吓坏了！

知道你俩失踪的消息，我们不放心，就跟来了。

涵涵、爷爷，你们怎么也来了？

踏破铁鞋无觅处,得来全不费功夫!

这小毛猴是什么做的呀?

我也想知道到底是什么味道唤醒了水晶石。

这小毛猴可大有来头,是用蝉蜕、木笔花这两种中药材做出来的。

做小毛猴的爷爷说,它是古时候宫里的阿哥最喜欢的玩具。

做小毛猴的老爷爷在哪儿?快带我们去!

小毛猴原来是用知了蜕下来的壳做的呀？啊，太神奇了！

罗爷爷说，要用没被雨淋过的蝉蜕，颜色金黄更好看。

就是因为这层绒毛，它很适合拿来做小毛猴的身体。

这木笔花很像玉兰花的花骨朵。

木笔花就是玉兰花。木笔花的花骨朵在冬天长出来，上面盖着一层厚厚的绒毛，保护花苞过冬。

木笔花要在腊月采摘，采早了做出的猴身不结实，采晚了一捏就碎。

115

"闲"出来的玩具

　　清朝时，宫里的太监们做完手头的活计后，感觉很是无聊，于是就突发奇想，用药材制作玩具来消磨时光。

　　小毛猴工艺又叫"蝉人工艺"，是用木笔花做猴子的身体，用中药材蝉蜕做猴子的头和四肢，然后再配以各式各样的道具，如彩旗、锣鼓、高跷等，做出各种有意思的场景：卖糖葫芦、茶馆喝茶、抬轿子……

猴料

宫里的小阿哥看到这些形态各异、活灵活现的小毛猴，爱不释手，睡觉都要放在枕头边。太监们无意中想出的玩具，竟然成了他们的最爱。

蝉人工艺后来在民间广泛流传，人们通过制作形神俱备的毛猴，用它的各种肢体语言模拟人的动作和生活场景，反映市井生活。

制作毛猴用的材料俗称"猴料"，其中木笔花花骨朵和蝉蜕是主要材料，它们的好坏直接决定着小毛猴能否做成功，以及做好后能保存多久。

酷似猴身的花骨朵

　　木笔花花骨朵被称为"辛夷"，也就是木笔花在秋天里形成的花骨朵。它表面一层密密的灰褐色绒毛是保护花过冬的"外衣"，而这带绒毛的花骨朵，和毛猴的身体极为相似。

　　做小毛猴时，一般选择大小适中、形状饱满、造型好的木笔花花骨朵来作为材料。

　　蝉蜕就是盛夏时节，野外的树上随处可见的知了壳。没有经过雨淋的蝉蜕颜色金黄，更适合做小毛猴。

　　蝉蜕的头要用画笔涂上一抹红色，蝉蜕的腿也要经过修剪，之后就要跟修剪好的辛夷粘在一起，最后才粘毛猴的胳膊，胳膊要根据场景中毛猴的动作来进行调整。

看漫画
领专属角色头像

微信扫码

跟着书本去旅行

在阅读中了解华夏文明

01

角色头像
把你喜欢的
角色头像带回家

02

阅读延伸
了解更多
有趣的知识

03

趣味视频
从趣味动画中
漫游中国

还有【阅读打卡】等你体验